Antje Uffmann

In deinen Spuren

Antje Uffmann

In deinen Spuren

Mein Trauertagebuch

Kreuz

Bibliografische Information der Deutschen Bibliothek
Die Deutsche Bibliothek verzeichnet diese Publikation in der Deutschen Nationalbibliografie; detaillierte bibliografische Daten sind im Internet über http://dnb.ddb.de abrufbar.

© 2008 Verlag Kreuz GmbH
Postfach 80 06 69, 70506 Stuttgart

www.kreuzverlag.de

ISBN 978-3-7831-3074-4

Inhalt

Die Reise ins Land der Trauer

Wenn man in ein fremdes Land reist, gibt es immer eine Zeitspanne zwischen Abfahrt und Ankunft, in der man sich auf das Kommende vorbereiten kann. In die innere Trauerwelt gelangt man jedoch durch einen Sturz und alles andere als freiwillig.

Die Zeit der Trauer ist mehr als ein Aufenthalt in einem fremden Land, sie ist wie eine Reise in eine andere Welt, zu der man sich nicht selbst entschlossen hat, sondern in die man geworfen wird.

Wenn Sie dieses Buch nun in Händen halten, sind Sie unweigerlich unten angekommen und befinden sich innerlich an einem schmerzhaften und schwierigen Ort. Es ist die Welt der Trauer, die Sie betreten haben. Für lange Zeit ist sie die innere Umgebung, mit der Sie nun leben müssen.

Im Land der Trauer werden Sie ganz verschiedene Landschaften vorfinden: Die trostlose Wüste, die Ihre Einsamkeit widerspiegelt. Den vereisten Fluss, der die Kälte des Schocks sichtbar macht. Ein tiefes finsteres Tal, in dem die Angst spürbar ist, die eine solche Erfahrung immer mit sich bringt. Die Höhle des Drachen, in der Sie Schuldgefühlen begegnen, und den Vulkan der Wut. Nicht zuletzt gibt es dort auch den Garten der Erinnerung, in dem Sie mit all den Erlebnissen der gemeinsamen Zeit, die nun zu Ende ist, beschäftigt sind. Einen Wald der Gemeinschaft, eine Oase, die Sie immer wieder aufsuchen können, um Kraft zu schöpfen. Diese Landschaften sind Seelenbilder. Sie spiegeln den Zustand, in dem Sie sich befinden, oder die Gefühle, die Ihnen in Ihrer Zeit der Trauer begegnen und sich abwechseln, manchmal auch gleichzeitig auftreten.

Mit diesem Tagebuch möchte ich Ihnen einen Begleiter, vielleicht sogar eine Art roten Faden an die Hand geben, der Sie durch diese Trauerlandschaften begleitet. Daher habe ich es in verschiedene Kapitel eingeteilt, in denen Sie dort Ihre Eintragungen vornehmen können, wo Sie sich gerade

»zu Hause« fühlen, wo Sie spüren: Ja, jetzt bin ich wütend! Heute fühle ich mich schrecklich allein, oder: Heute möchte ich mich an alles erinnern, was ich mit meinem geliebten Menschen erlebt habe. Die Einführungen zu den jeweiligen Abschnitten sollen Ihnen helfen herauszufinden, wie es Ihnen an den jeweiligen Tagen geht, ob Sie sich in einem Kapitel wiederfinden oder lieber zum nächsten springen, weil es Sie heute eher anspricht.

Egal, welchem Seelenbild Sie sich nah fühlen: Eigentlich alle sind maßgeblich durch den Schmerz gekennzeichnet, den Sie am Anfang sogar körperlich spüren können, der Sie fühlen lässt, als hätten Sie nicht nur Ihren geliebten Menschen verloren, sondern auch ein Stück von sich selbst. Wenn etwas Zeit vergangen ist, wird sich der Schmerz in Ihr Inneres, in ihre Seele zurückziehen, aber deshalb nicht unbedingt weniger wehtun.

Die Idealvorstellung eines schmerzfreien Lebens hat dazu geführt, dass wir nicht gelernt haben, Schmerz als dazugehörig zu betrachten und ihn zu ertragen. Zur Trauer gehört Schmerz und man kann ihn sich nicht abnehmen lassen. Aber es ist möglich, dafür zu sorgen, dass er erträglich wird. Das ist eine große Kunst, zu der vor allem gehört, den Schmerz geschehen zu lassen, sich nicht dagegen zu wehren oder aufzubäumen. Der Schmerz ist eine Naturgewalt, gegen die zu kämpfen wir keine Chance haben. Im Gegenteil – je mehr wir gegen ihn kämpfen, ihn nicht haben und fühlen wollen, umso ärger wird er uns ergreifen und peinigen. Ein bisschen besser wird es, wenn Sie versuchen loszulassen: Wenn Sie es schaffen, die Anspannung in den Muskeln, die Sorgen im Kopf und die Angst im Herzen geschehen zu lassen, kämpfen Sie nicht mehr gegen den Schmerz an und etwas Neues kann geschehen.

In der Natur ist die Muschel ein Beispiel dafür, wie Schmerz umhüllt und verwandelt werden kann: Echte Perlen entstehen, wenn ein Sandkorn in das zarte, empfindliche Innere einer Muschel gelangt. Um den Schmerz zu verringern, hüllt die Muschel es in unzählige Schichten aus Perlmutt. Wenn wir gleich einer Muschel durch Akzeptanz und Verständnis das einhüllen, was uns Schmerzen bereitet, wird es am Ende »rund« und erträglich. Für den Trauerschmerz heißt das, ihn immer wieder von allen Seiten zu erfahren, bis die Ecken und Kanten in eine glatte, schimmernde Lasur gehüllt sind. Perlmutt, dieses glänzende und irisierende Material, entsteht durch fortwährendes Umschließen und Umhüllen.

Indem das Gefühl erkannt und ausgesprochen wird, bekommt es eine schützende Umhüllung. Die Schmerzen sind ja keine Einbildung. Zu Recht tut Trauer weh und zu Recht darf der Schmerz über den Verlust eines Menschen auch akzeptiert und beklagt werden. Die meisten von uns haben gelernt, Schmerzen still zu ertragen, sie zu ignorieren oder willentlich gegen sie anzugehen. Die Erfahrung zeigt, dass wir mit dieser »Strategie« in der Trauerzeit nicht weiterkommen. Was in uns vorgeht, was uns zustößt, braucht Ausdruck und Verständnis. Jedes Mal, wenn der Schmerz ernst genommen und liebevoll nach ihm gefragt wird, hüllt wieder eine neue zarte Perlmuttschicht die Verletzung ein.

Das Schreiben oder Führen eines Tagebuchs ist eine sehr einfache und wirkungsvolle Art, genau das zu tun. Auch wenn Sie selbst oft der einzige Leser Ihrer Eintragungen bleiben – Sie haben zumindest einmal in Worte gefasst und niedergeschrieben, was Sie schmerzt, was Sie belastet, oft sogar bedrängt, wenn es Gefühle wie Schuld oder Wut sind. Sie geben dem Ausdruck, was Sie empfinden, und sehen so allem, was ist, ins Auge. Sie drücken den Schmerz und die Trauer nicht weg, sondern stellen sich ihr. Sie werden spüren, wie sehr Sie das Schreiben entlasten kann, dass es befreiend wirken kann und dass das Papier nicht nur geduldig ist, sondern Ihnen tatsächlich ein Gegenüber, ein Vertrauter ist, dem Sie Ihre geheimsten Gedanken und Gefühle mitteilen. Hier können Sie wirklich sagen, was Sie spüren. Sie müssen außer auf Ihre eigenen Gefühle auf niemanden Rücksicht nehmen. Sie können auch über den Menschen, den Sie verloren haben, so schreiben, wie Sie ihn erlebt haben, ihn sozusagen ganz »ohne Schminke« betrachten. Das wäre im Gespräch mit Ihren Angehörigen und Freunden, die ihn vielleicht oft ganz anders kannten als Sie, gar nicht möglich.

Dieses Buch ist außerdem etwas, was Sie immer wieder zur Hand nehmen und in dem Sie nachlesen können, welchen Weg Sie durch die Welt der Trauer schon zurückgelegt haben, wie weit Sie schon gekommen sind. Manchmal hat man das Gefühl, auf der Stelle zu treten, vielleicht auch wieder am Ausgangspunkt angekommen zu sein, wenn die Trauer in einem brennt wie am ersten Tag. Dann können Sie hier sozusagen in den Rückspiegel schauen und sehen, was Sie schon alles geschafft haben, wie sehr Sie sich verändert haben, auch wenn Ihnen das gar nicht so bewusst war. Sie werden Ihr Tagebuch dann vielleicht als »Perle der Erinnerung« begreifen können, das ein wichtiges Erinnerungsstück für Sie ist, weil Sie hier Gefühle und Stimmungen festgehalten haben, als Sie dem Toten noch sehr nah waren. Es kann auch eine Art Gedächtnisstütze sein, weil die Erinnerung an diese Zeit, gerade weil Sie so intensiv war, mit der Zeit verblasst und sich verändert. Es bewahrt all das, was Sie durchgemacht haben, und bietet damit auch die Möglichkeit, Trauer zu durch-leben, d.h. durch sie hindurchzugehen, sie bewusst zu erleben, sodass tatsächlich etwas Neues daraus werden kann.

Ein Hinweis noch zum Schluss: In Ihr Trauertagebuch können Sie nicht nur schreiben. Es kann auch zum Erinnerungsalbum für Sie werden, indem Sie Fotos einkleben,

Texte, die Ihnen wichtig sind, kleine Gegenstände, die sich aufkleben lassen und die Ihnen etwas bedeuten. Es muss nicht wie ein Schulheft aussehen, in dem säuberlich auf jede Linie geschrieben ist. Es kann in allem Ihre Gefühle widerspiegeln und so geordnet oder ungeordnet wie Ihr Inneres sein. Machen Sie daraus Ihr ganz persönliches Buch, das Sie gerne wieder zu Hand nehmen, weil es einzigartig ist, so wie Ihre Trauer und wie der Mensch, den Sie verloren haben!

13

Die trostlose Wüste

Ich weine bittere Tränen

Die Seelenlandschaft der trostlosen Wüste ist ein innerer Ort, den ein trauernder Mensch immer wieder aufsuchen und erleben wird. Ich sehe in meiner Fantasie eine Wüste aus Sand, Steinen und dornigem Gestrüpp. Es ist eine trostlose Landschaft. Endlos dehnen sich Sanddünen. Alles ist braun und ausgedörrt, weit und breit kein grüner Strauch, kein Lebenszeichen. Ganz allein steht dort ein Mensch, umgeben nur von rauen Felsen und Öde. Sein Ankunftsschock hat nachgelassen. Er geht ein Stück, doch es gibt kein Ziel, keine Richtung. Wohin soll er denn gehen? Die Wüste sieht endlos aus. Jeder Schritt schmerzt und die Dornen reißen Wunden. Trostlosigkeit und Verzweiflung ergreifen ihn.

Wer die Seelenlandschaft der trostlosen Wüste erlebt, den hat die Wirklichkeit des Alleinseins erreicht. Das geschieht nicht von heute auf morgen, sondern schrittweise. Anfangs ist es gar nicht möglich, den Verlust in allen Konsequenzen zu begreifen. So wie dem Wüstenwanderer eine Fata Morgana, ein rettendes Wasser mit grünen Bäumen erscheint, wird beim Trauernden die Realität oft von Wunschbildern überdeckt. Ein Gefühl der Unwirklichkeit lässt in manchen Momenten den Eindruck entstehen, das alles sei gar nicht wahr und der Verstorbene käme jeden Augenblick zur Tür herein. Diesen Momenten folgt aber das erneute Begreifen der Wirklichkeit, die dann umso schmerzlicher ist.

Die Fata Morgana erweist sich als Trugbild und löst sich in nichts auf. Die trostlose und feindliche Umgebung ist real, der Tod und das Alleinsein sind Wirklichkeit. Die Seelenlandschaft der Wüste lässt den Trauernden immer wieder diese Tragik und Trostlosigkeit empfinden. In der Wüste sind Trugbilder von Wasser und Bäumen für den Wanderer lebensbedrohlich. Indem er seine Schritte in die Richtung lenkt, in der die Fata Morgana erscheint, kommt er vom Weg ab. So kann es passieren, dass er die wirkliche

Oase nicht mehr findet. In der Trauer ist es lebensnotwendig, die Realität des Verlustes zu begreifen. Das ist sehr schmerzhaft, aber es bringt den Trauernden auf den Weg durch die innere Wüste. Dort werden die Gefühle von Trostlosigkeit, Verzweiflung und Einsamkeit erlebt.

Wüst und leer, Tohuwabohu, so beschrieben die Hebräer den Zustand der Erde, bevor Gott Pflanzen, Tiere und Menschen erschuf. Tohuwabohu ist als Beschreibung für Chaos und Unordnung in unseren Sprachgebrauch eingegangen. Das ist zunächst ein Widerspruch: Wie kann Chaos sein, wo es leer ist? Dennoch beschreibt gerade dieser Widerspruch sehr anschaulich den Gemütszustand des Trauernden in der Seelenlandschaft der Wüste. Die ganze vertraute Welt ist aus den Fugen geraten, das eigene Leben versinkt komplett im Chaos, nichts ist mehr so, wie es war. Gleichzeitig empfinden Trauernde ein furchtbares Gefühl von Leere und Einsamkeit. Es wird durch die Trauer noch verstärkt. »In Trauer sein« heißt, mitten in einem Gefühl zu stecken, das man nicht mitteilen und auch mit niemandem wirklich teilen kann. Wer darin steckt, kann nicht gleichzeitig draußen sein, ja nicht einmal über den Rand gucken und wahrnehmen, was dort vorgeht. Die Lebenssituation der Trauer ist so überwältigend, dass auch der Kontakt zu anderen Menschen zunächst abbricht. Ratschläge und kluge Worte werden zwar gehört, können aber die Isolation nicht durchdringen. Im Inneren bleibt der Trauernde ganz allein und ohne Trost.

Diese innere Wüste bleibt wohl keinem erspart, sie ist ein Bestandteil des Lebens- und Entwicklungsweges. Viele Propheten und spirituelle Meister sind freiwillig in die Wüste gegangen, um sich diesen extremen Gefühlen zu stellen. Heilige haben sich die Wüste als Ort besonderer Glaubensprüfungen ausgewählt. Hitze und Kälte zu ertragen, Einsamkeit, Hunger und Durst auszuhalten, von den kärglichen Wasser- und Nahrungsquellen der Wüste zu existieren, orientierungslos und allein mit den eigenen Gedanken und Ängsten zu sein – immer geht es in der Wüste darum, unter extremen Bedingungen zu überleben.

Auch in der Trauer geht es ums Überleben, denn durch den Tod eines geliebten Menschen ist auch das eigene Leben bedroht. Das Begreifen der veränderten Wirklichkeit und die Erfahrungen der inneren Wüste sind wichtige Schritte auf dem Weg der Trauerbewältigung.

Tränen – ein Lebensimpuls in der Wüste

Wer in einer wirklichen Wüste gestrandet und eine Weile ziellos umhergeirrt ist, kommt irgendwann an einen Punkt, wo Hoffnungslosigkeit und Verzweiflung ihn überwältigen. Ich sehe in meiner Fantasie, wie dieser Mensch sich dann auf einen großen Stein setzt und anfängt zu weinen. Diese Tränen zeigen, dass er nun verstanden hat, wie es um ihn steht. Die Realität der Wüste hat ihn erreicht.

In der Trauer sind Tränen ein erstes Zeichen dafür, dass etwas Neues beginnt. Was man zunächst nicht begreifen konnte und wollte, sickert nun langsam und stetig in das Bewusstsein. Es erreicht den Verstand und auch das Herz, den inneren Ort der Gefühle.

Die Tränen der Trauer schmecken bitter. Sie haben eine besondere biochemische Zusammensetzung. Man hat herausgefunden, dass Tränen ein körpereigenes Schmerzmittel enthalten. Dadurch wirken sie beruhigend. Jeder kennt das Gefühl, wenn nach langem Weinen Ruhe eintritt. Es ist tröstlich zu wissen, dass nun der ganze Mensch mit Körper und Verstand, mit Herz und Seele und allem, was ihm zu Verfügung steht, an der Bewältigung des Schmerzes mitarbeitet.

Tränen sind zunächst die einzige Wasserquelle, der einzige Lebensimpuls in einer trostlosen Wüste. Wasser kann die Wüste fruchtbar machen. Dabei haben nicht alle Tränen, die in der Trauer fließen, mit dem unmittelbaren Verlust zu tun. Immer wird auch alter Schmerz von längst vergangenen Verletzungen mitbeweint, denn wir erleiden im Laufe unseres Lebens viele Verluste. Trauertränen haben viele Quellen.

Tränen müssen abgewischt und getrocknet werden. In dieser Geste liegt etwas sehr Tröstliches und in allen Menschen steckt diese Sehnsucht nach liebevollem Trost. Das kommt in dem biblischen Text zum Ausdruck, der häufig bei Trauerfeiern gebetet wird:

»Und Gott wird abwischen alle Tränen von ihren Augen und der Tod wird nicht mehr sein« (Offenbarung des Johannes 21,4). Hier ist es Gott selbst, der endgültig die Tränen von Leid und Sterblichkeit abwischt und so neues Leben schenkt. Diese mütterliche Geste befriedigt die tiefe Sehnsucht nach Trost. Wer Tränen trocknet, kennt den Schmerz und erkennt ihn an.

Die Oase

Auch die trostloseste Wüste ist keine gänzlich öde Landschaft. Es gibt verborgenes Wasser unter trockenem Sand und Gestein. Kommt das Wasser an die Oberfläche, entsteht eine Oase, eine grüne fruchtbare Insel in der großen braunen Dürre. Wenn man die Gefühle der Einsamkeit und Verzweiflung in das Bild der Wüste übertragen kann, ist es auch möglich, sich eine Oase vorzustellen. Oasen geben dem Wanderer eine Pause. Durch ihr Wasser sichern sie sein Überleben.

Es ist anfangs sehr schwer, sich diese Oasen vorzustellen. Sie tauchen nicht einfach am Wegesrand auf, sondern müssen gesucht werden. Im Alltag ist die Suche nach der Oase ein Bemühen um das eigene Wohlergehen, denn die Oase ist genau das Gegenteil der Wüste. Statt Trockenheit und Dürre gibt es dort Wasser und Nahrung.

Oasen sind Momente, in denen man innehält und sich anschaut, wie die Sonne untergeht oder wie die Wolken vom Wind bewegt werden. Es kann ein Bad sein, mit dem man sich entspannt, oder ein geliebtes Musikstück, das man sich anhört. Es kann eine Massage, ein Spaziergang oder ein positiver Gedanke sein.

Es ist bei der schweren Reise durch die Trauerwelt nötig, immer wieder Energie zu schöpfen. Die Reise durch die Wüste ist lang und anstrengend. Will man die Wüste überwinden, muss man sie durchqueren. Auch bei der Reise durch die Trauerwelt muss man immer wieder durch die schmerzhaften Gefühle der Trauer und des Verlustes hindurchgehen. Aber für kurze Zeit kann die Oase ein Ort sein, an dem neue Kräfte gesammelt werden.

Vielleicht ist für Sie auch das Schreiben in Ihrem Trauertagebuch eine solche Oase, weil Sie ihm Ihre geheimsten Gedanken und Wünsche mitteilen können: Ihre tiefste Trauer, aber auch die Momente der Freude, die Sie trotz allem spüren.

Hallo mein Hase!

Wo bist Du nur, wie geht es
Dir, was machst Du?
Du hast uns nun vor 14
Wochen verlassen, aber sicher
nicht freiwillig, das weiß
ich. Du fehlst mir so, das
kannst Du Dir gar nicht
vorstellen! Es ist alles
so schwer ohne Dich. so
Sinnlos. Was soll ich
denn nur tun, ich halte
diese Schmerzen nicht aus.
Ich fühl mich so Einsam,
so schrecklich allein. Ich
weiß ich habe noch die

Kinder, die ich auch sehr liebe, aber die können diese Leere in mir nicht füllen. Ich hoffe du hattest keine Schmerzen, denn das hast Du nicht verdient. Ich liebe Dich so sehr, Du warst das beste was mir in meinem Leben passiert ist. Und nun bist Du weg, für Immer. Wir hatten so wenig Zeit für uns. Durch Kinder, Arbeit, Hausbau und vieles mehr. Jetzt wäre es vieleicht ein bischen ruhiger geworden. Aber jetzt bin ich alleine.

Jeder sagt mir das es irgendwann besser wird, aber ich
habe das Gefühl das es mit
jedem Tag noch schlimmer wird.
Ich möchte immer nur weinen.
Doch das ist nicht immer
möglich, denn ich muß arbeiten
und für die Kinder und auch
für die Tiere da sein.
Ich möchte bei Dir sein, Dich
in meine Arme nehmen.
Ich liebe Dich so und ver-
misse Dich so sehr. Ich
weiß nicht ob ich die
Kraft habe schon wieder
alleine so weiter zu machen.
Was hab ich denn getan

das man Dir mir genommen
hat. Bin ich so ein schlechter
Mensch. Ich weiß, wir haben
uns oft gestritten, am meisten
wegen dem Alkohol, ich
hatte immer solche Angst
um Dich. Und nun mußtest
Du durch so einen Unfall
sterben. Das ist wirklich
Makaber. Alles streiten
umsonst. Sinnlos.
Finanziell haben wir keine
Sorgen aber ich würde
alles hergeben, wenn ich es
dadurch ändern könnte.
Denn ich habe mich noch
nie in meinem Leben so

geliebt und so umsorgt gefühlt wie durch Dich. Dafür
möchte ich Dir von Herzen
danken. Meine Liebe zu Dir
war, oder ist auch groß,
nur konnte ich sie Dir vielleicht nicht immer so zeigen.
Was mir sehr leid tut. Aber
ich hoffe Du weißt es. Wie
soll ich nur weiter machen
ohne Dich? Denn ich ver-
misse Dich. Deine Liebe.
Kannst Du mir nicht wenigstens im Traum erscheinen
und mir sagen wie es Dir
geht. Und ob Du glücklich
bist.

Bald ist Weihnachten.
Ich hasse es. Nur hoffe
ich das Du diesmal mit
Deinen Eltern feiern kannst.
Grüß Sie von mir. Auch
meine Eltern und Tante
Anni. Die Tage sind alle
so lang und schwer. Und
alle nur mit Gedanken an
Dich und Tränen um Dich.
Und die Frage warum bei
uns, was haben wir falsch
gemacht, oder Ich.
Das waren die schönsten
8 Jahre in meinem Leben.
Und nie hat ein Mensch so
viel für mich gemacht wie

Du. Aber soll das alles in meinem Leben gewesen sein. Denn für mich wird es jetzt keine Beziehung mehr geben können. Das wäre wie ein Verrat an Dir. Dafür bist Du mir zu wichtig. Jetzt gibt es nur noch ein Leben für meine Kinder. Vorallem für unsere Tochter Klarissa, die Dich auch fürchterbar vermisst. Aber sie weint nicht mehr darum mach ich mir Sorgen um sie. Ich hoffe sie verkraftet das und muß nicht zu viel leiden

P.S. Ich liebe Dich!

27

Das innere und äußere Trauerhaus

Ich bin offen und verletzlich

Bei der Reise in die Trauerwelt kann man ein kleines Haus entdecken. Es ist das Haus, in dem die Trauer wohnt und ihren Platz hat. Ich sehe in meiner Fantasie, wie es im Schutz einer mächtigen Trauerweide ganz allein oben auf einem Hügel steht. Es ist aus dicken Bruchsteinen gemauert und das niedrige Dach aus schwarzen Schieferplatten wölbt sich wie eine Mütze über die Mauern.

Wenn ich das Haus betrete, stelle ich mir vor, dass in dem großen Raum ein alter schwarzer Kamin steht. Dicke Rußschichten bedecken seine Innenseiten. Ein kleines Feuer brennt dort und davor sitzt in der Asche, ganz klein zusammengekauert, eine Gestalt. Sie hat ihr Gesicht mit dem Ruß des Kamins geschwärzt und ist in eine dunkle Decke gehüllt. Sie singt langsam und monoton ein langes Klagelied und wiegt sich dabei hin und her. Von Zeit zu Zeit wird die Klage laut, das Lied wird zu einem Heulen und Weinen. Tränen rinnen über ihr Gesicht und zeichnen feuchte Spuren über die kohlenschwarze Haut. Manchmal hält sie inne und streut ein paar Kräuter in das Feuer, deren harziger und bitterer Rauch dann den Raum durchdringt. Es ist die Trauer, die in diesem Haus wohnt.

Das Trauerhaus ist ein innerer Ort. Es ist ein Bild für den Raum, den wir nun der Trauer in unserem Leben geben müssen. Der Trauer ein inneres Haus zu bauen heißt, sich auf dieses Gefühl einzustellen. Es heißt, sich Zeit zu nehmen für die Gefühle und Veränderungen, die nun kommen, auch wenn wir in einer Gesellschaft leben, in der es für Trauer wenig Raum gibt.

Alte Bräuche und Rituale, die den Menschen früher bei der Trauerbewältigung geholfen haben, sind verloren gegangen. Von uns wird erwartet, dass wir die Trauer mit Fassung tragen und schnell wieder im Alltag funktionieren. Diese gesellschaftliche Forderung kann weder erfüllt noch von heute auf morgen verändert werden. Deshalb ist es hilfreich, sich einen inneren Ort zu suchen, an dem Trauer auch in ihrer fassungslosen, wehklagenden Form erlebt werden kann.

Das Seelenbild des inneren Trauerhauses schafft Gefühlen eine Ausdrucksmöglichkeit, die es in der äußeren Welt schwer haben. Das innere Trauerhaus wird sich im Lauf der Zeit verändern. Vielleicht werden andere, liebe Menschen dort zu Gast sein können. Es kann eingerichtet und mit Blumen geschmückt werden. Die Trauer wird darin wohnen, solange es nötig und heilsam ist. Sie wird ihre Spuren hinterlassen. Eines Tages wird sie sich aber verabschieden, und das Haus kann dann zu einem Ort der Freude werden. Wer im Besitz eines solchen inneren Hauses ist, kann die Zeit der Trauer mit ganzer Intensität erleben. Er hat einen Ort, an dem etwas Neues entstehen kann.

Das eigene Haus oder die Wohnung hat sich ebenfalls verändert – sie sind nun zu einem Trauerhaus geworden. Normalerweise ist das Zuhause ein Ort der Geborgenheit. Hierher kann man sich zurückziehen und wohlfühlen. Zuhause ist jeder Mensch anders. Man darf sich gehen lassen und im Schutz des persönlichen Raumes ein privater Mensch sein. Hier ist das Lebenszentrum, hier schläft und erwacht man, hier wird gegessen und gelebt, gefeiert und gestritten, hier kann man sich entspannen.

In der Trauer verwandelt sich das eigene Heim. Die schmerzliche Erfahrung des Verlustes ist gerade in den eigenen vier Wänden sehr gegenwärtig, besonders wenn man mit dem verlorenen Menschen zusammengelebt hat. Es gibt so viele Dinge, die an den Verstorbenen erinnern. Jeder Handgriff, jeder Schritt durch die Räume erinnert daran, dass nun alles ganz anders ist. Alles, was sonst zum eigenen Wohlbefinden beigetragen hat, wird nun zur ständigen Erinnerung an den Verlust. Die Trauer hält Einzug und besetzt jeden Winkel des Hauses.

Im Inneren gibt das Seelenbild des Trauerhauses Raum für den Ausdruck von Gefühlen und Schmerz. Äußerlich ist die eigene Wohnung dieser Raum. Er wird mitgestaltet von Menschen, die kommen und die Arbeiten, aber auch die Gefühle der Trauernden teilen und annehmen.

Viele Trauernde ziehen es in der ersten Zeit vor zu schweigen. Jede Erwähnung des Verlustes löst eine neue Welle von Schmerz und Trauer aus. Selbst wenn einem nicht nach Reden und Gesprächen zumute ist, tut es aber doch gut, die Anwesenheit von anderen zu spüren. Das gemeinsame Ausharren, die wortlose Berührung und Umarmung und das gemeinschaftliche Schweigen sind ebenso hilfreich wie Worte und Gespräche.

Erzähl mir was vom Tod

Ähnlich wie eine Geburt ist auch der Tod ein Ereignis, das das Gefühl hervorruft, er sei unfassbar. Anfang und Ende eines Lebens, Geburt und Tod gehören im Wesentlichen zusammen und sind ähnlich schmerzhaft, nur mit anderen Vorzeichen.

Die letzten Lebenstage, die letzten Stunden, die letzten Worte, die Sinnhaftigkeit von scheinbar unbedeutenden Kleinigkeiten wollen erzählt werden. Ich habe sehr viele solcher Geschichten des Sterbens und des Todes erzählt bekommen. Sie zu hören, erfüllt mich jedes Mal mit Ehrfurcht und Dankbarkeit. Es ist ein kostbares Geschenk und für den Trauernden ein wertvoller Schatz. Aber um diesen Schatz zu erlangen, braucht ein Trauernder geduldige und liebevolle Zuhörer, die auch nach vielen Wiederholungen noch bleiben, die es ertragen, die schmerzhafte Geburt dieser Geschichte mitzuerleben und ihr Werden unterstützen.

Nach der ersten Zeit der Trauer hat sich jedoch Ihr Haus geleert, Verwandte und Freunde sind zu ihrem Alltag zurückgekehrt und die Einsamkeit, das Fehlen eines Gesprächspartners wird vielleicht gerade jetzt für Sie besonders deutlich spürbar.

Verstummen Sie nicht, erzählen Sie in Ihrem Tagebuch alles, was in Ihnen an Worten ist. Notieren Sie ruhig auch Dinge, die Sie schon einmal aufgeschrieben haben. Ihr Tagebuch ist keiner »Zensur« unterworfen. Niemand außer Ihnen wird es lesen und so können Sie auch wirklich alles das benennen, was in Ihrem Innersten darauf brennt, erzählt zu werden. Wenn Sie etwas aufschreiben, können Sie die Dinge auch immer wieder »vor Augen« haben. Sie können sie vielleicht ergänzen, wenn Sie die Eintragung noch einmal lesen, oder abändern, wenn Sie glauben, etwas Wichtiges vergessen oder anders in Erinnerung zu haben.

Anders als bei der Geburt erzählt sich die Geschichte des Todes sehr schwer. Jedes Wort schmerzt und muss dennoch gesagt werden. Im Anfangsstadium der Geschichte werden Sie vielleicht viel weinen, immer wieder stocken, aufgegeben und von Neuem angefangen. Aber gerade weil der Verlust so schmerzt, ist es wichtig, dass Sie ihn mitteilen und er damit für Sie tragbarer wird.

Der vereiste Fluss

Ich fühle mich
wie erstarrt

Durch die Trauerwelt schlängelt sich ein Fluss, dessen Wasser nicht fließt. Es kann nicht fließen, weil es so kalt ist, dass sich eine dicke Eisdecke gebildet hat. Das Wasser, das normalerweise ständig strömt und ewig dahinfließt, ist zu Eis erstarrt. Es muss sehr kalt sein, damit ein Fluss vereist. Die Fließbewegung des Wassers verhindert normalerweise, dass eine feste Eisdecke entsteht. Aber wenn die Kälte zu grimmig ist, muss auch das lebendigste Wasser am Ende still werden und zu Eis gefrieren. In der Trauerwelt kann es so kalt werden. Es ist die Kälte und Einsamkeit des Verlustes, die dann herrscht. Sie kann den Reisenden ergreifen und seinen Lebensstrom zum Stillstand zwingen.

Manche Menschen vereisen in der Trauer. Sie erstarren innerlich und äußerlich. Von Angehörigen werde ich oft gefragt, was sie tun können, wenn der Betroffene die Trauergefühle gar nicht zulassen kann. Für Außenstehende ist das schwer zu ertragen. Es macht sie hilflos und sie haben den Eindruck, dass nicht das passiert, was erwartet wird. Aber auch der vereiste Fluss gehört zur Reise durch die Trauerwelt. Niemand kann ermessen, wie groß der Schmerz ist, vor dem sich ein Trauernder durch seine Erstarrung schützen muss.

Wenn der Ansturm der Gefühle zu heftig ist, verursacht er die Angst, ganz im Meer des Schmerzes unterzugehen, von der Trauer überflutet zu werden und die Kontrolle über die eigenen Gefühle zu verlieren. Angesichts dieser Angst erscheint es sicherer, solche Gefühle gar nicht erst wahrzunehmen und innerlich zu vereisen. Je länger sie aber unterdrückt werden, umso heftiger wird die Gewalt, mit der sie hervorbrechen können. Das vertieft wiederum die Angst, in ihnen unterzugehen, und so entsteht ein Teufelskreis aus Angst und Unterdrückung der Gefühle.

Wer in diesem Fluss der Vereisung ist, empfindet oft die Trostversuche der Mitmenschen als bedrohlich. Sie könnten etwas »auftauen« und damit den sorgsam eingefrorenen Schmerz spürbar machen. Das Gefühl, das die Erstarrung verursacht, ist furchtbare Angst. Deshalb ist es der erste Schritt, die Kälte und die ihr innewohnende Angst wahrzunehmen. Sie ist ja berechtigt. Es ist wirklich eine schmerzhafte und trostlose Zeit, die dem Verlust folgt. Die Gefühle, die noch von der Vereisung betäubt sind, werden furchtbar wehtun. Aber auch die Vereisung wird irgendwann schmerzhaft werden. Wenn wir zu lange in dem kalten Gewässer bleiben, sind die Schmerzen, die dann erlitten werden, größer als die Schmerzen der Weiterreise. Wenn wir in Trauer und Schmerz erstarren, schneiden wir uns vom Fluss des Lebens ab.

Zu leben heißt ja auch, etwas zu spüren. Es heißt, Schmerzen und Not zu ertragen und dem furchtbaren Wandel des Lebens, das ohne den verlorenen Menschen weitergeht, mit Haut und Haaren, mit allen Sinnen und Gefühlen, mit vollem Bewusstsein ausgeliefert zu sein. Es ist eine Überlebenstaktik, sich in Augenblicken größter Gefahr tot zu stellen. Das Beunruhigende daran ist aber, dass in der Erstarrung jeder Kontakt zu sich selbst und den Menschen und Ereignissen der Umgebung schwer, wenn nicht gar unmöglich ist. Die Erstarrung schützt nicht nur vor Schmerz, sondern verwehrt auch Trost und Hilfe.

Wer diese Seelenlandschaft erlebt, hat die Erstarrung auch in seinen Körper aufgenommen. Sätze wie »Ich muss mich zusammenreißen«, »Ich darf mich jetzt nicht gehen lassen«, »Ich muss stark sein« sind eine gedankliche Entsprechung zur Erstarrung der Muskeln. Der erste Schritt ist also, die Muskeln zu entspannen.

Ein zweiter Schritt ist, die begleitenden Gedanken in ihr Gegenteil zu verwandeln: »Ich darf mich weich und verletzlich fühlen«, »Es tut mir gut, meine Schwäche zu zeigen.« Tapferkeit, Fassung und stoisches Ertragen der Trauer sind durchaus »Tugenden«, mit denen unsere Gesellschaft Trauernde konfrontiert. Es ist nicht konform, sich hemmungslos gehen zu lassen und den Schmerz deutlich zu zeigen. Gefühlsausbrüche wie Weinen, Klagen, Schreien und Schluchzen sind in der Öffentlichkeit nicht erwünscht. Die Trauer hat einen sehr engen Rahmen gesellschaftlicher Toleranz. Wer diese Zeit lebendig durchlebt, ist ständig in Gefahr, aus dem Rahmen zu fallen. Auch das ist eine Ursache für die Erstarrung: die Angst davor, dass unsere Gefühle, wenn wir sie zeigen, nicht akzeptiert werden und wir von anderen geschnitten werden. Starke Gefühle des Leids und der Trauer sind in der Tat erschreckend und es gibt furchtbar wenig Raum dafür. Wir müssen erst wieder neu lernen, dass die Gefühle von Trauer und Schmerz wichtig sind und wir ein Recht darauf haben, sie zu zeigen. Trauernde finden heute extrem erschwerte Bedingungen vor. Sie leben in einer Gesellschaft, in der Vitalität, Jugend und Leistungskraft zählen. Ihre Trauerarbeit wird von außen behindert. Gerade deshalb ist es umso wichtiger, Trauer zu spüren und auch zu zeigen.

Menschen, die in ihrer Trauer erstarrt sind, brauchen ein Ziel, für das es sich lohnt, wieder weich und lebendig zu werden. Lebendig werden heißt, einen weiteren Schritt durch die inneren Landschaften und Orte der Trauerwelt zu tun, den heilsamen Weg durch das Land der Trauer zu gehen. Durch das Beschreiten dieses Weges werden wir auch anderen Mut und Hoffnung geben. So kann durch kleine eigene Schritte auch im größeren gesellschaftlichen Zusammenhang mehr Raum für Trauer entstehen.

In jedem vereisten Fluss ist unter der starren Decke ein Plätschern und Gluckern zu hören. Die Lebenskraft des Weiterfließens ist eine mächtige Kraft. Wer sich ihr anvertraut und sich zu einem ersten Schritt durchringen kann, wird von dieser Kraft unterstützt und weitergetragen.

Auch hier kann das Schreiben eine erste Möglichkeit sein, die Vereisung zu lösen und Sätze wie »Ich muss mich zusammenreißen« umzuwandeln in Sätze wie »Es tut mir gut, meine Schwäche zu zeigen«. Oft bedeutet ein Aufbrechen der Vereisung zunächst einmal, dass Sie sich diese Schwäche, die eine Stärke ist, vor sich selbst eingestehen und einmal hemmungslos das beschreiben, was Sie augenblicklich fühlen. Wenn Sie sich dabei keinem anderen Menschen anvertrauen wollen, weil Sie das noch zu sehr schmerzt oder Ihnen aus welchem Grund auch sonst unangenehm ist, schreiben Sie einfach einmal auf, was Sie fühlen. Sie werden spüren, dass das Eis zu schmilzen beginnt.

56

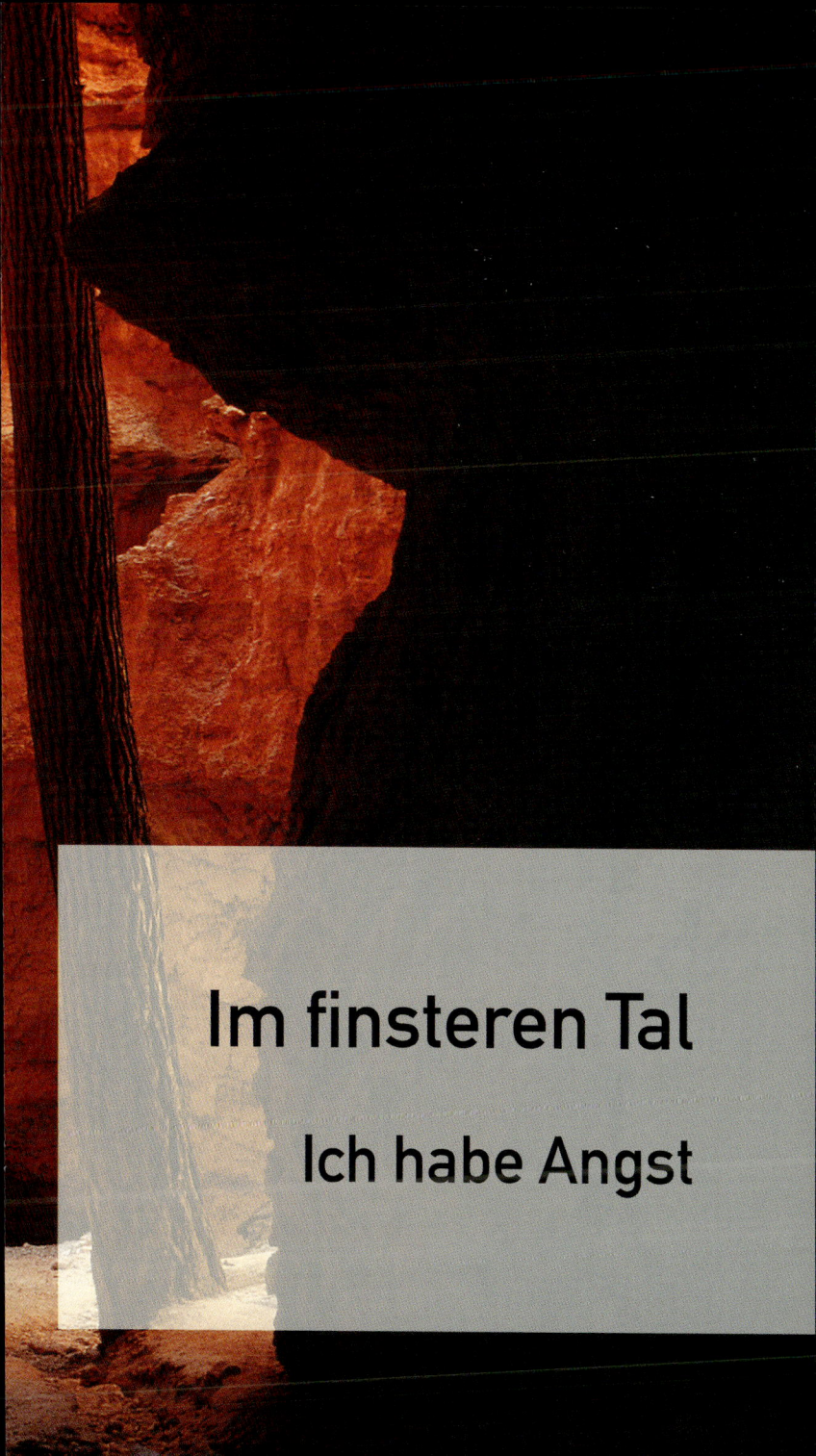

Im finsteren Tal

Ich habe Angst

Ich sehe in meiner Fantasie eine dunkle und unheimliche Schlucht im Gebirge. Schwarz und steil ragen zu beiden Seiten die Felsen der Berge auf. Es ist Nacht, kein Mondstrahl erhellt den Weg. Der Reisende ist ganz allein. Dieses Tal muss nun durchschritten werden. Es lauern viele Gefahren. In der Dunkelheit kann sich Furchtbares verbergen. Wer hier steht und hindurchgehen muss, spürt Beklemmung und Angst. Das Wort Angst ist aus »Enge« entstanden. Sie kann sich wie ein enger Panzer um die Brust legen und den Atem abschnüren. Sie kann lähmen. Wer in dem dunklen Tal steht, spürt diese Angst und will keinen Schritt mehr weitergehen. Schlotternd und mit angehaltenem Atem bleibt er stehen. Das eigene Herz klopft so laut, dass es im ganzen Tal widerhallt. Das finstere Tal ist eine Seelenlandschaft, in der die Angst herrscht.

Der Verlust eines Menschen durch den Tod löst Angst aus: Plötzlich ist das wahr geworden, was man schon immer gefürchtet hat, aber nie wirklich begreifen konnte. Das Schlimmste, was geschehen konnte, ist geschehen. Niemand vermochte es zu verhindern. Niemand kann es wieder rückgängig machen. Niemand weiß, was nach dem Tod geschieht.

Jedes Lebewesen hat Todesfurcht. Dieses Gefühl ist ein uralter Instinkt, es warnt Menschen und Tiere vor Gefahren. Es macht uns aufmerksam, wenn das eigene oder das Leben der nahestehenden Menschen bedroht wird. Durch Angst kann man sich schützen. Aber in der Trauerwelt macht man die erschreckende Erfahrung, dass es letztendlich vor dem Tod keinen Schutz gibt. Die Todesangst ist die machtvollste Angst, die wir empfinden. Für Trauernde ist diese Angst sehr gegenwärtig.

Gefahr und Chance

Wer in der Seelenlandschaft des finsteren Tals angelangt ist, steht in der Dunkelheit. Vor ihm liegt ein Weg, der ins Ungewisse führt. Zu der Angst, die der Tod in uns auslöst, kommt nun auch noch die Angst vor dem Leben, das weitergeht. In einem Volkslied heißt es: »Die Zukunft liegt in Finsternis und macht das Herz uns schwer.« Diese Zeile drückt das Lebensgefühl aus, das in der Trauer ein ständiger Begleiter ist. Wenn wir einen geliebten Menschen verloren haben, erleben wir eine tiefe Lebenskrise. In der chinesischen Sprache ist das Wort für »Krise« aus zwei Begriffen zusammengesetzt: »Gefahr« und »Chance«. In der Trauerwelt ist die Gefahr nicht etwa das Erleiden der Gefühle. Gefährlich wird es, wenn man vor den Gefühlen flieht, sie nicht zulassen kann und keine Möglichkeit hat, sie auszudrücken. Gefahr liegt darin, dass man in der Trauer stecken bleiben kann. Neben der Gefahr gibt es aber eine große Chance und die liegt gerade im Erleben der Gefühle, im Durchleiden und Ertragen.

Die größte Chance der Trauer ist wohl die Begegnung mit der eigenen Angst. Wir alle haben die Tendenz, die Ängste in ihrem dunklen Tal zu lassen, und es graut uns davor, Licht zu machen, weil wir ihren Anblick fürchten. Aber viele Ängste verschwinden mit dem Licht. Wenn ich mir mit dem Licht des Verstandes meine Ängste anschaue, haben sie schon viel von ihrem Schrecken verloren.

Auch die psychologische Forschung und die Erfahrung zeigt, dass Ängste umso größer sind, je weniger wir von ihnen wissen. Das bedeutet, dass wir uns mit der Angst beschäftigen müssen, um sie zu bewältigen. Wenn man sich den größten Ängsten einmal zuwendet und sie beim Namen nennt, ist das so, als beginne im finsteren Tal langsam die Morgendämmerung. Das Licht des Verstehens verscheucht die Dunkelheit und die Angst. Was dann noch übrig bleibt, ist die Enge des Tales. Das, was die Angst so »eng« und beklemmend macht, sind die Grenzen, die wir spüren.

Beistand

»Im weiten Raum« – so lautet im Hebräischen der Gegensatz von Angst. Häufig wird »im weiten Raum« in der Bibel mit »Trost« übersetzt. So ist das Gegenteil der Angst nicht Mut oder Stärke, sondern Trost und Weite. Der Weg durch das finstere Tal führt aus der Enge in die Weite.

Es ist gut, wenn man den Weg durchs Tal nicht ganz allein beschreiten muss und mit jemand anderem über die Angst sprechen kann. Niemand kann uns die Angst abnehmen. Aber ein guter Zuhörer wird die Angst ernst nehmen. Wer in diesem Tal steht, hat das Recht, ernst genommen zu werden. Die Enge ist für ihn Wirklichkeit, auch wenn andere das aus ihrer Sicht nicht wahrnehmen können. In der Seelenlandschaft des finsteren Tals braucht man Beistand, ob in Form eines wirklichen Gegenübers oder in der eines Textes, eines Gebetes. Von dem Trost, den ein göttlicher Beistand schenkt, spricht der Verfasser des 23. Psalms, wenn er sagt: »Und ob ich schon wanderte im finsteren Tal, so fürchte ich kein Unglück, denn du bist bei mir.«

Der Tod ist die letzte und unüberwindliche Grenze des Lebens. Wer an ein Leben nach dem Tod glaubt, kann auch sie besser annehmen, weil er jenseits dieser Grenze einen weiten Raum weiß. Wer sich ein Leben nach dem Tod vorstellen und daran glauben kann, hat Teil an einer großen Gemeinschaft, an jahrtausende alten Überzeugungen. Alle Weltreligionen bejahen die Frage nach der Unsterblichkeit der Seele. Es ist aber eine Tatsache, dass wir über das Jenseits nichts wissen können. Es ist verständlich, wenn unsere menschliche Vernunft Zweifel an einem Leben nach dem Tod hat.

Die Entscheidung, was wir glauben und wie wir diese Sinnfragen beantworten, bleibt heute jedem selbst überlassen. Im Lauf des Lebens ändert sich das eigene Gottesbild. Oft tritt die Sinnfrage im Verlauf des Erwachsenenlebens in den Hintergrund. Bei der Reise durch die Trauerwelt hat diese Frage nach einer höheren Macht wieder eine große Bedeutung. Dabei ist entscheidend, ob das, was ich glaube und tue, mir hilft. Wirklich ist immer das, was wirkt. Ich weiß heute vielleicht nicht mehr so sicher, wer der Adressat meines Gebetes ist. Es ist nicht mehr der Gott meiner Kindheit. Vielleicht habe ich kein passendes Bild und mein Verstand sagt mir, dass es niemanden gibt, der mich erhören kann. Aber das Gebet gibt mir innere Ruhe, ein gutes Gefühl und ich kann friedlich einschlafen. Die Wirklichkeit Gottes oder eines größeren Lebenssinnes ist also keine theoretische Sache, sondern zeigt sich da, wo im Leben eine solche Erfahrung wirksam ist. Wer diese Wirkung spürt, hat weniger Angst.

Viele Menschen haben in der Situation des Verlustes spirituellen Beistand erfahren – sie erlebten die Hilfe einer höheren Macht, die selbst eine solche Finsternis erhellen kann. Es gibt das Sprichwort: »Wenn die Nacht am dunkelsten ist, ist auch der Morgen nah«, oder: »Immer wenn du denkst, es geht nicht mehr, kommt von irgendwo ein Lichtlein her.« Wenn wir in Notzeiten einen Spruch oder eine Geschichte lesen, einen besonderen Traum haben oder wenn ein bestimmter Satz in einem Brief zu einem »Schlüsselwort« wird, kann uns das aus dem finsteren Tal herausführen.

Vielleicht möchten Sie auf den folgenden Seiten Texte oder solche »Schlüsselwörter« notieren, die Ihnen durch das finstere Tal helfen und für Sie Licht im Dunkeln sind.

In der Höhle
des Drachen

Ich mache mir
Vorwürfe

In der Trauerwelt gibt es eine Höhle, darin haust ein furchtbares Ungeheuer, dem jeder Reisende über kurz oder lang gegenübersteht. Ich stelle es mir immer wie die Hydra vor, eine Schlange mit neun Köpfen. In der griechischen Sage muss der Held Herakles gegen dieses Ungeheuer kämpfen, und es gelingt ihm zunächst nicht, es zu besiegen. Immer wenn er mit dem Schwert einen der Köpfe abschlägt, wachsen an der Stelle sogleich zwei neue.

Wer in der Trauerwelt an diesen furchtbaren Ort kommt, kann hören, dass die einzelnen Köpfe der Hydra sprechen: »Hätte ich doch nur … Wäre ich doch nicht … Ich werfe mir vor … Ich bin schuld daran … Warum habe ich nur … Wenn ich doch …«

An diesem Ort geht es um Schuldgefühle. Wie der Held in der Sage wird der Trauernde in der Höhle stehen und gegen die Selbstvorwürfe und Schuldgefühle kämpfen. Schuldgefühle gehören zum Menschsein. Sie begegnen uns immer wieder und es gibt niemanden, der davon frei wäre. Manche von ihnen sind Alarmsignale: Indem sie uns auf einen Fehler hinweisen, bekommen wir die Chance, ihn zu korrigieren. Wenn das geschehen ist, kann das Schuldgefühl wieder aufhören. Andere Selbstvorwürfe sind eine Angewohnheit. Sie haben nichts mit der Realität zu tun, sondern stammen von einer übertrieben selbstkritischen inneren Einstellung. Viele Menschen leiden unter so einem permanenten Angriff gegen sich selbst – immer gibt es dann eine innere Stimme, die noch etwas zu meckern hat, ganz gleich, was sie tun.

Der Tod eines Menschen ist etwas Endgültiges. Wir können an diesem Menschen nichts wiedergutmachen oder es in Zukunft anders, besser machen. Wir können nichts Gesagtes mehr entschuldigen, Versäumtes nicht mehr nachholen. Das Schuldgefühl kann scheinbar nicht aufhören. Das ruft in jedem Fall auch die automatische kritische Stimme auf den Plan. Wir sind in der Höhle mit dem Drachen gefangen.

Unsere Mitmenschen wollen uns vielleicht entlasten und unseren Gefühlen die Stärke nehmen. Sie schlagen, wie in der griechischen Sage, dem Ungeheuer einen seiner Köpfe ab, aber an der gleichen Stelle werden sogleich wenigstens zwei neue erscheinen. Wer einmal versucht hat, einem Menschen seine Schuld »auszureden«, weiß, was gemeint ist. Es taucht mehr und mehr Schuld auf, die Selbstvorwürfe werden eher noch schlimmer.

Nach meiner Erfahrung können Sie diese Höhle erst dann verlassen, wenn Sie in der Lage sind, erstens Ihre tatsächlichen Fehler zu bedauern und sich selbst zu verzeihen. Und zweitens die unangemessenen Selbstvorwürfe zu erkennen, den Mechanismus der Angewohnheits-Hydra zu erkennen. Sie wird niemals Ruhe geben. Wir brauchen eine Portion Heldenmut, um uns von ihr zu befreien. Das klingt sehr einfach, ist aber eine große innere Arbeit. Wer in der Höhle, an diesem inneren Ort kämpft, vollbringt Heldentaten. Er sollte sich selbst dafür anerkennen.

Schuldgefühle

Die meisten Menschen, die von Schuldgefühlen gequält werden, haben keine großen Verbrechen begangen. Häufig leiden gerade diejenigen darunter, die sich besonders darum bemühen, gut und gerecht zu handeln. Schuld ist ein dunkles Gefühl, das tief in der hintersten Höhle unseres Innersten entsteht.

Der Kampf des Herakles gegen die vielköpfige Hydra ähnelt dem Kampf gegen Selbstvorwürfe: Sobald der Held einen Kopf des Ungeheuers abschlägt, wachsen an seiner

Stelle zwei nach. Ähnlich geht es uns oft mit Schuldgefühlen: Haben wir ein Argument zu unserer Entschuldigung gefunden – also einen Kopf abgeschlagen – kommen uns zwei weitere Vorwürfe gegen uns selbst in den Sinn.

Herakles besiegte die Hydra, indem er Feuer einsetzte. Nach dem Abschlagen des Kopfes brannte er mit einer Fackel die Schnittstelle aus. Schwerter können zerteilen und zerkleinern. Ein Feuer aber verwandelt.

Selbstvorwürfe können sich in Eingeständnisse verwandeln. Aus dem Gedanken »Ich werfe mir vor, dass ich so gehandelt habe« kann ein neues Gefühl entstehen: »Es tut mir leid, dass ich es so gemacht habe.« Wer einen Fehler eingesteht, empfindet etwas Brennendes, wird »feuerrot«; ihm »brennt etwas auf der Seele«. Das schmerzhafte Feuer wird wirklich erlebt und erlitten, wenn die Schwerthiebe aufhören und die Schuld gefühlt wird. Dann verwandelt sie sich in Bedauern und Vergebung. Nicht durch Kampf, sondern nur durch Verwandlung kann das innere Ungeheuer der Schuld überwunden werden. Am Ende der Verwandlung steht der Satz: »Es ist menschlich, Fehler zu machen. Das gilt auch für mich«.

Das entschlossene Abschlagen und Ausbrennen ist besonders bei den unrealistischen Schuldzuweisungen wichtig. Wenn der innere Kritiker keine Ruhe gibt, brauchen wir diese Entschiedenheit, um für uns selbst einzutreten. Wenn man in der Selbstgeißelungsschleife steckt, kann es sehr hilfreich sein, sich das Bild der Hydra und ihrer Bekämpfung vorzustellen und den destruktiven inneren Stimmen ein entschiedenes STOPP! entgegenzusetzen.

Im Märchen bewachen die Ungeheuer meistens einen kostbaren Schatz. Wenn der Held den Drachen besiegt, ist dieser Schatz am Ende sein Gewinn. Aber das Drachentöten ist eine schwere Aufgabe. Sie erfordert nicht nur körperliche Kraft und Tapferkeit, sondern auch Weisheit. Das

Fühlen der tatsächlichen Schuld und das Umgestalten des Selbstbildes sind innere Heldentaten, die Mut und Einsicht verlangen. In den Mythen steht der kämpfende Held immer unter dem Schutz einer Gottheit oder einer höheren Macht. Herakles ist der Sohn von Hera, der Gattin des Zeus. Sie hat ihm bei der Überwindung der Hydra geholfen. Wer bei der Verwandlung und Überwindung der Schuld um die Hilfe einer höheren Macht bittet, hat einen guten Beistand und wird nach der vollbrachten Heldentat ein göttliches Geschenk erhalten. Der Schatz, auf dem die Hydra sitzt, der Schatz, den der Held in der Höhle des Drachen erringt, ist Menschlichkeit und Vergebung!

Notieren Sie Belastendes in Ihr Tagebuch. Probieren Sie einige verwandelnde Sätze aus. »Ich werfe mir vor, dass…« wird zu: »Ich fühle, wie es mich schmerzt, und ich verzeihe mir. Ich darf menschlich sein.«

Die Stadt
der Glücklichen

Ich bin voll Neid

An diesem Ort sieht der Trauernde Menschen, die genau das noch haben, was er selbst verloren hat. Menschen, deren Partner, Kinder oder Freunde noch leben. Menschen, die glücklich sind, die sich freuen können und ein normales Leben führen. Sehen wir uns einmal dort um:

Auf der Straße spielen ausgelassene und fröhliche Kinder. Sie rennen herum, schreien, lachen und streiten sich. Auf der Bank im Park sitzt ein altes Ehepaar. Es füttert in zufriedener Eintracht die Enten auf dem Teich. Auf einem Motorrad fährt ein junges Paar vorbei. Die beiden genießen die Fahrt und haben sicher etwas Schönes vor, vielleicht werden sie tanzen gehen. In den Vorgärten blühen die ersten Narzissen und Krokusse. Sie zeigen die erneuernde Kraft des Frühlings. In der warmen Sonne räkelt sich eine Katze. Ihr Bauch ist ganz rund, sie wird bald Junge haben. Vor der Kirche beugen sich zwei Frauen über einen Kinderwagen. Sie betrachten neugierig das Baby. Auf dem Wochenmarkt kaufen die Menschen frisches Gemüse und Fleisch. Sie werden sich zu Hause ein leckeres Essen kochen.

Die Stadt der Glücklichen gehört zu der »normalen Welt«, die Sie als Trauernde(r) verlassen mussten. Dennoch müssen Sie im täglichen Leben ständig durch die Straßen dieser Stadt gehen. Ihre Gefühle, die innere Welt der Trauer, werden von der Außenwelt nicht wahrgenommen. Dort geht das Leben weiter, als wäre nichts geschehen. Für Sie ist es sehr schwer, das zu sehen und auszuhalten. An jeder Straßenecke begegnen Ihnen Menschen, die unbeschwert und normal leben. In Ihrem eigenen Bekanntenkreis hat jeder seine Liebsten und Freunde um sich, alle können leben und fröhlich sein. Niemand außer Ihnen ist in der Trauerwelt gefangen. So kommt zwangsläufig ein Gefühl von Neid auf. Wer könnte Ihnen das auch verdenken?

Alles, was ich selbst besitze oder ganz leicht wiederbekommen kann, kann ich auch meinen Mitmenschen von

Herzen gönnen. In der Trauerwelt ist das anders. Ich habe etwas unwiederbringlich verloren, und deshalb sind Gefühle wie Neid und Missgunst eine normale und angemessene Reaktion. Es hat keinen Sinn, die negativen Gefühle zu verstecken und sie zu bekämpfen. Auch diese Gefühle sind wahr und werden mit der gleichen Intensität empfunden wie etwa Freude oder Mitgefühl. Sie haben eine ganz konkrete Ursache und sind gerade in der Trauer auch berechtigt. Die eigentliche Gefahr liegt darin, dass wir uns für dieses Verhalten verurteilen und uns dann umso schlechter fühlen.

Wenn Sie Ihre Gefühle von Neid aufschreiben, helfen Sie sich selbst dabei, sie »schwarz auf weiß« zu haben und sie nicht mehr zu verstecken. Vielleicht fällt es Ihnen dann auch leichter, diese zu akzeptieren und sich nicht mehr dafür zu verurteilen.

Liebevolles Mitgefühl

Beim Umgang mit Neid ist es notwendig, sich selbst liebevolle Aufmerksamkeit und Mitgefühl entgegenzubringen. Das hat nichts mit Selbstmitleid zu tun – dem passiven Versinken im eigenen Schmerz, der Wehleidigkeit oder dem nach innen Kollabieren. Wirkliches Mitgefühl entsteht durch ein tiefes Verständnis für die eigene Situation. Wer leidet, darf sein Leid beklagen und sich selbst anschauen. Aus diesem Blickwinkel sieht man in sich selbst einen Menschen, dem es sehr schlecht geht, der viel verloren hat und nun wund und traurig ist.

Wer diese Gefühle bei einem anderen sieht, bekommt Mitleid. Durch das verständnisvolle Anschauen des Leides wird es mitempfunden, anerkannt und akzeptiert. Wenn wir dem eigenen Leid freundliche Aufmerksamkeit schenken, geschieht das Gleiche – wir empfinden Mitgefühl. Etwas in uns entspannt und weitet sich. Wir erleben einen Moment von Akzeptanz und innerer Zugewandtheit. Wenn wir befürchten, beim Üben von Mitgefühl im eigenen Leid zu versinken, können wir ein paar tiefe Atemzüge nehmen und unseren Brustraum damit weiten. Dabei ist es hilfreich, die Aufmerksamkeit ganz auf den Atem zu richten. Das schafft eine kleine Distanz, eine kleine Lücke, durch die das Mitgefühl in unserem Herz wirken kann. Wenn wir durch das Mitgefühl und die kleine Lücke dann auf uns selbst schauen, können wir zudem erkennen, was zu tun ist. Wer aus der Aufmerksamkeit für die eigene Not einen Schritt zurücktritt, kann sich die Situation aus einer anderen Perspektive anschauen. Wer das Leid anderer angesehen und nachempfunden hat, ist dadurch zum Handeln aufgerufen. Auch sich selbst gegenüber gibt es diese menschliche Verpflichtung. Um diesen leidenden Menschen, den man im Spiegel gesehen hat, muss man sich kümmern. Liebevoller Umgang mit sich selbst ist der Schlüssel, mit dem das Tor, das aus der Stadt der Glücklichen hinausführt, aufgeschlossen werden kann. Dann können die anderen Landschaften der Trauerwelt bereist werden, ohne ständig von Neid überschattet zu sein. Eines Tages wird man wieder in die Stadt zurückkehren und als ihr Bewohner am Lebensglück teilhaben.

Hoffnung

Wir können uns vor Neid nicht schützen. Es hilft auch nicht, ihn zu unterdrücken oder zu verleugnen. Normalerweise folgen Selbstverachtung und Scham, wenn man sich solche negativen Gefühle eingesteht. Es ist dann, als hätte man die Büchse der Pandora geöffnet und wäre vor dem Hässlichen erschrocken, das da aus einem selbst herauskommt. Wenn man dann aber noch einen Moment innehält und den »Deckel« nicht wie Pandora gleich wieder zumacht, kann man dem Neid etwas Hoffnung hinterherschicken, die am Boden der Büchse liegt und »befreit« werden will.

Hoffnung ist die Göttergabe, mit der wir Menschen den Schlechtigkeiten aus Pandoras Büchse begegnen können. Sie kann die schlechten Gefühle und Dinge nicht aus der Welt schaffen, aber sie hilft uns dabei, weiterzuleben und Positives zu bewahren. Hoffnung lehrt uns, die eigenen Kräfte zu spüren und sie zu nutzen.

Die Farbe des Neides ist ein grelles Gelbgrün. Man sagt: Ich bin grün vor Neid. Das ist eine Gesichtsfarbe, die sehr hässlich und krank aussieht. Auch die Farbe der Hoffnung ist Grün, aber dieses Grün ist angenehm und vital, es ist das Grün der Pflanzen und des Wachstums. Wer Neid verspürt, hat einen kräftigen und gesunden Lebenshunger. Das Neidgefühl zeigt uns die Dinge, die uns fehlen und nach denen wir uns sehnen. Neid ist ein Gefühl, das in die Zukunft gerichtet ist. In seinem positiven Aspekt spornt Neid uns zur Veränderung unserer Lebenssituation an. Um diese Möglichkeit wahrnehmen zu können, brauchen wir die Hoffnung. In der Trauerwelt sind viele Dinge, die unseren Neid auslösen, gleichzeitig auch unsere Hoffnungsträger. Wer mit wachen Sinnen durch die Stadt der Glücklichen geht, spürt den Schmerz, den das Leben der Stadt auslöst. Es erfordert großen Mut, sich dennoch nicht abzuwenden, sondern nach Zeichen der Hoffnung Ausschau zu halten. Ohne Hoffnung ist die Zeit in der Trauerwelt nicht zu ertragen.

Auf den nächsten Seiten ist Platz für allen Neid, den Sie empfinden, aber ebenso für liebevolles Mitgefühl mit sich selbst. Notieren Sie auch die Zeichen der Hoffnung, die Ihnen in Ihrem Alltag begegnen!

Der Vulkan

Ich bin wütend

Wir kommen bei der Reise durch die Trauerwelt auch in Situationen, in denen wir große Wut empfinden. Für dieses Gefühl steht in der Seelenlandschaft der Trauerwelt ein Vulkan. In seinem Inneren kocht und brodelt es. Er hat in der Tiefe einen Herd, in dem es kochend heiß ist. Wenn der Vulkan aktiv wird, kommt er zum Ausbruch. Durch den Vulkanschlot dringt dann das glühende Magma empor und wird aus dem Krater hochgeschleudert. Die erste Entladung ist sehr heftig. Es folgen dann eine Anzahl regelmäßiger und schwächer werdender Schübe, bis die Aktivität des Vulkans schließlich wieder zum Stillstand kommt. Das glutflüssige Magma erkaltet. Viele Inseln unseres Planeten sind durch Vulkantätigkeit entstanden. Wenn ein Vulkanherd nicht durch einen Schlot mit einer Öffnung verbunden ist, sucht sich die Kraft beim Ausbruch andere Wege, sie entweicht durch Erdspalten. Auf Island gibt es viele Stellen, an denen heiße Quellen und schwefelige Dämpfe aus der Erde kommen.

Der Vulkan ist in der Trauerwelt ein wichtiger Ort, weil das Gefühl der Wut zur Trauer dazugehört. Wer trauert, fühlt sich verlassen: von dem Menschen, der ihm nahe stand und nun tot ist; von Freunden und Bekannten, die ihn nun meiden; vom Lebensglück; von Gott selbst. Wut ist eine normale Reaktion auf das, was uns da zugemutet wird. Wenn uns jemand etwas antut, uns verletzt, verfolgt, bedroht oder etwas wegnimmt, fühlen wir uns ohnmächtig und ausgeliefert. Wut verwandelt die unerträgliche Ohnmacht in eine Macht, die wir brauchen, um für unser Überleben und Wohlergehen zu kämpfen. Aber Wut ist auch von starken Tabus eingeschränkt. Gerade von Trauernden wird erwartet, dass sie ihr Schicksal ergeben und still ertragen. Für das Gefühl der Wut gibt es wenig Toleranz. Deshalb ist es gut, sich zunächst klarzumachen, dass Wut ein ganz normales und angemessenes Gefühl ist. Wut hat ihr Recht.

Dennoch wird ihr oft vom Trauernden selbst dieses Recht verweigert. Wut ist eine mächtige Kraft. Sie richtet sich aggressiv nach außen und gegen andere. Wir haben Angst davor, dass unsere Wut auf Unverständnis trifft oder Gegenaggression auslöst. Deshalb trauen wir uns nicht, sie zu zeigen, oder wir haben Angst und Schuldgefühle, wenn wir es getan haben.

In der Trauerwelt sind wir auf das Verständnis anderer angewiesen. Mit unserer Wut muten wir den Mitmenschen zu, uns nicht nur traurig und verzweifelt, sondern auch noch wutschnaubend, laut und zornig zu erleben.

Wut schafft neuen Boden

Wut ist ein Körpergefühl – sie brodelt in uns. Ein Wutausbruch kann dann sehr erleichternd sein. Dabei muss sich der Ausdruck von Wut nicht notwendigerweise gegen jemanden richten. Oft reicht es, wenn wir uns selbst die Wut erlauben. Wenn wir trampeln und brüllen, Holz hacken oder mit dem Ärger den Garten umgraben, beim Spaziergang im Wald alte Äste an Bäume schlagen. Und wenn doch die Wut einmal zwischen Menschen auftaucht, ist es hilfreich, den Wutausbruch mit all seiner Lautstärke, Hitze und Hässlichkeit nicht allzu ernst zu nehmen. Wütende Worte dürfen nicht auf die Goldwaage gelegt werden. Sie haben ihr Gewicht nur im Moment der Entladung. Wenn die Wut verraucht ist, können sich auch die bösen Worte in Luft auflösen und mit dem Rauch verschwinden.

Ist ein Vulkanausbruch vorüber, erkaltet die Lava und eine neue Erdschicht entsteht. Auch durch einen Wutausbruch verändert sich etwas: Es gibt wieder eine Ebene, auf der man sich unterhalten kann! Wenn ich wütend an jemanden denke, kann ich ihn gar nicht richtig wahrnehmen; die Wut verstellt mir den Blick. Wenn ich innerlich kochend, aber äußerlich beherrscht mit jemandem rede, auf den ich sehr wütend bin, fehlt die Ebene der Verständigung. Wenn sich die Wut entladen hat, stehe ich auf neuem Boden. Ich kann wieder klar sehen und Beziehungen zu anderen aufnehmen. Es ist eine gute Strategie, vor einem klärenden Gespräch zunächst die Wut körperlich auszudrücken, ganz für mich selbst. Dann erlebe ich sie als Kraft. Danach ist ein wirklicher Kontakt mit anderen wieder möglich. Im Unterdrücken der Wut entsteht Isolation und Anspannung – ein Wutausbruch kann sie wieder aufheben.

Für Trauernde gibt es eine Wut, die besonders schwer zu ertragen ist: Es ist die Wut auf den Verstorbenen. Hier wirken zwei starke gesellschaftliche Tabus zusammen: Wut wird nicht als ein der Trauersituation angemessenes Gefühl akzeptiert. Außerdem soll man über die Toten nichts Schlechtes denken oder sagen. Dennoch ist dieses Gefühl berechtigt. Es ist normal und menschlich, so zu empfinden. Trauernde erleben durch den Verlust das Urgefühl des Verlassenwerdens. In diesem Gefühl steckt ein großer Anteil Wut. Hinzu kommt, dass es in jeder Beziehung Spannungen und Unstimmigkeiten gibt. Mit dem Tod hat sich jemand für immer verabschiedet und hinterlässt möglicherweise auch Aggressionen. Es tut gut, sich über diese Wut klar zu werden und ihr auch Ausdruck zu geben. Wut verschwindet nicht, indem man sie ignoriert. Wenn sie an der Oberfläche des Bewusstseins nicht herausbrechen kann, brodelt sie umso heftiger in der Tiefe.

Die Seelenlandschaft des Vulkans ist vor allem ein Körperbild. Es kann uns zeigen, dass wir noch Kraft haben, dass es in uns kochen und brodeln kann. Wir sind noch am Leben. Wer sich seine Wut gestattet und ihr eine Krateröffnung zugesteht, wird die Kraft der Wut in der Trauer für sich nutzen können. Es tut gut, diese Energie in der Trauer zu spüren und als gesundes Lebenszeichen willkommen zu heißen.

Wenn Sie möchten, schreiben Sie auf den folgenden Seiten all das auf, was an Wut in Ihnen steckt. Streiten Sie, hadern Sie, klagen Sie an. Auch die Wut auf den Verstorbenen hat hier Platz. Beschreiben Sie, wie Ihnen zu Mute ist. Sie werden spüren, wie lebendig Sie sich dadurch fühlen, wie entlastend es für Sie ist, einmal all das auszusprechen – und dass Sie anschließend neue Kraft spüren werden, den Tod Ihres geliebten Menschen zu akzeptieren und ihm auf andere Weise nahe sein zu können.

113

Im Garten der Erinnerung

Ich will das Verlorene bewahren

Ich sehe in meiner Fantasie einen großen Garten, in dem die Pflanzen der Erinnerung wachsen. Für eine lange Zeit lebt und arbeitet der Trauernde darin. So wie ein Garten im Winter leblos und karg aussieht, werden auch die Erinnerungen zunächst als trostlos empfunden. Die Realität des Todes dringt bis in die Gedanken vor. Alles, was vergangen ist, erscheint nun tot. Mit dem Verlust des geliebten Menschen geht die Lebendigkeit der Erinnerungen verloren. Wenn ich mich gemeinsam mit einem nahestehenden Menschen über vergangene Erlebnisse, über glückliche und traurige Zeiten austausche, dann sind diese Erinnerungen lebendig. Wenn aber dieser Mensch nicht mehr lebt, zieht ein Todesschatten über die gemeinsame Zeit. Im Garten der Erinnerungen ist es zunächst kalt und traurig. Die Pflanzen sind im Boden festgefroren und es ist schmerzhaft, sie hervorzuholen.

Wer im Winter etwas aus der Gartenerde herausholen will, gräbt sich die Finger wund. Bestimmte Erinnerungen müssen, wie die Pflanzen im Winter, zunächst einmal ruhen. Niemand kann sich nach einem schweren Verlust vorstellen, wie er mit der Erinnerung weiterleben kann. In einem ersten Gefühl legt sie sich wie ein mächtiger schwarzer Schatten auf die Seele. Zwischen Gegenwart und Vergangenheit ragen ihre Gestalten hervor wie die Silhouetten der kahlen Bäume im Winter.

In der Tiefe des Gartenbodens überwintern die Pflanzen und speichern in ihren Wurzeln den Lebenssaft. Irgendwann bricht wieder der Frühling an. Im wirklichen Garten wird die Erde gelockert und der Boden bestellt.

In der Trauerwelt beginnt die Zeit, in der verzweifelt gegraben und gewühlt wird. Das ist eine anstrengende Arbeit. Anfangs tut jede Erinnerung an die vergangene Zeit weh. Wohin der Trauernde auch blickt: Alles, was er sieht und erlebt, lässt den Schmerz erneut aufleben. Es ist der Schmerz, der den Boden vorbereitet – jedes Mal, wenn es furchtbar wehtut, wird die Gartenerde etwas lockerer.

Nur sehr langsam lässt die Verzweiflung nach. Das Wühlen hört auf und in dem Garten kann etwas gedeihen. Er kann zu einem Ort der schönen Erinnerungen werden, in den sich der Trauernde zurückziehen kann. Schöne und kostbare, aber auch traurige und schmerzende Erinnerungen brauchen einen angemessenen Ort, wo sie gehegt und gepflegt werden.

Rosen und Disteln

Im Frühling macht der Gärtner eine Bestandsaufnahme. Welche Pflanzen haben den Winter gut überstanden? Welche sind erfroren und müssen auf den Kompost?

Das bedeutet für Sie als Trauernde(r), dass Sie auch die Ereignisse und Gefühle aus der gemeinsam erlebten Zeit nun betrachten. Es gibt in jeder Beziehung, in jedem Leben schöne und hässliche Dinge, gute und schlechte Erlebnisse. So lösen auch die Erinnerungen verschiedene Gefühle aus. In vielen Situationen stürzen sie wie eine Flut in die Gedanken und Gefühlswelt der Trauernden hinein. Eine Erinnerung löst die nächste aus. Leicht wird man von dieser Flut weggetragen und bekommt Angst davor, in ihr zu versinken. Die Erinnerungen können alles andere lahm legen. Das Bild des Gartens kann helfen, sie zu ordnen und ihnen ihren begrenzten Platz zu geben, damit sie nicht als innere Schatten die kommende Zeit verdunkeln. Es kann in unserem Garten ein Rosenbeet für solche Erinnerungen geben, die Sehnsucht und Zärtlichkeit auslösen. In einem anderen Teil des Gartens können Disteln und Nesseln wachsen – das sind Erinnerungen, die an schwere Zeiten, Belastungen und unangenehme Gefühle gebunden sind. Alle Pflanzen haben in dieser Anlage ihren Platz. Es ist sinnvoll, wenn die verschiedenen Gefühle getrennt werden, denn es wäre schade, wenn die Erinnerungen an eine gute Zeit immer auch von Gedanken an leidvolle und schwere Stunden begleitet würden.

In der Trauer befinden wir uns in der schwierigen Situation, dass eigentlich alles an den Verlust erinnert, aber im Alltag dafür wenig Raum und Zeit ist. Wir müssen weiterleben und, wie die Hindus sagen, die Welt am Laufen halten. Wir müssen einer Berufstätigkeit nachgehen, Kinder versorgen und die täglichen Alltagsdinge erledigen. Es gibt in unserer Gesellschaft keine Schonzeit für Trauernde, keine längere Zeitspanne, in der sie sich – im geschützten Raum – ihrer Trauer widmen und auf die neue Lebenssituation einstellen können. »Das Leben geht weiter.« Diesen Satz hat sicher jeder Trauernde schon zu hören und zu spüren bekommen. Das ist ja einerseits auch gut und lebensbejahend, aber für Trauernde geht es oft zu schnell. Für die Arbeit im Garten der Erinnerung muss Zeit sein. Diese Zeit müssen sich Trauernde selbst geben.

Dankbarkeit

Wenn man vor sich ein Glas hat, das zur Hälfte gefüllt ist, kann man denken: »Es ist halb leer.« Man kann aber auch denken: »Es ist halb voll.« Beide Gedanken entsprechen der Realität und sind wahr. Bei einem großen Verlust mag man an das denken, was man verloren hat. Man kann jedoch auch an das denken, was man bekommen hat!

Das Motiv der Dankbarkeit wird häufig zu einer Formel, die man in Todesanzeigen liest: »Mit Dankbarkeit denken wir an sie zurück.« In letzter Zeit fällt mir in der Zeitung häufig ein Spruch auf: »Wir wollen nicht traurig sein, weil wir ihn/sie verloren haben, sondern dankbar dafür sein, dass wir ihn/sie gehabt haben.« Besser wäre es, beiden Gefühlen Berechtigung und Raum zu geben. Ich glaube aber, dass dieser Spruch in seiner Form deshalb so beliebt ist, weil er durch das Betonen der Dankbarkeit ein Missverhältnis ausgleicht. In unserer Zeit ist Dankbarkeit ein Gefühl, das aus der Mode gekommen ist. Es ist selbstverständlich geworden, dass wir alles haben und dass es uns gut geht. Folglich stürzt uns ein Verlust in große Schwierigkeiten. Das Verlorene nimmt einen so großen Raum ein, dass für die Dankbarkeit kein Platz mehr ist. Dabei ist Dankbarkeit gerade in der Trauer ein hilfreiches und positives Gefühl. Ein Schlüsselsatz dafür ist eine leichte Abwandlung des oben zitierten Spruches: »Ich bin traurig darüber, dass ich es verloren habe. Ich bin dankbar dafür, dass ich es bekam.«

Trauer und Dankbarkeit sind ein Paar, das sich gut ergänzt und für Gleichgewicht sorgt. Erinnerung ohne Dankbarkeit ist trostlos. Dankbarkeit allein ist nicht möglich. Aber beide zusammen sind ein guter Wegbegleiter.

Die folgenden Seiten sind sicher mit die wichtigsten für Sie in diesem Buch. Sie sind der Erinnerung gewidmet, etwas, das Ihnen niemand mehr nehmen kann und in vielen Fällen nur Ihnen selbst vorenthalten ist, weil Sie die Ereignisse allein mit dem Verstorbenen geteilt haben. Wenn Sie möchten, greifen Sie doch die Idee des Gartens auf: Geben Sie Ihren Erinnerungen Überschriften, in welchen Teil des Gartens Sie sie pflanzen möchten. Ist es eine »Rosenerinnerung« oder eine »Distelerinnerung«, die Sie aufschreiben möchten? Wenn es Ihnen hilft, zeichnen Sie Ihren Garten, bringen Sie alles darin unter, was Ihnen hier wichtig ist. Es ist ein Garten, der blüht, solange Sie leben!

Im Wald

Ich bin bedürftig

In der Trauerwelt gibt es einen großen, schönen Wald, der aus mächtigen alten Bäumen besteht. Jeder Baum des Waldes hat seinen Platz. Er ist Teil einer größeren Gemeinschaft und Ordnung. Wenn ein Mensch solch einen Wald betritt, wird in ihm der Wunsch nach Zugehörigkeit wach. Es entsteht das Bedürfnis, an der Harmonie und natürlichen Einheit dieses Waldes Anteil zu haben.

Im Leben brauchen wir Menschen, die uns lieben. Schon bei unserem Eintritt in die Welt werden wir Teil einer Gemeinschaft, die wir zum Überleben benötigen. Ein Kind ist angewiesen auf seine Eltern, auf eine Gruppe, zu der es gehört. Wer isoliert und ohne menschlichen Kontakt aufwächst, kann sich nicht entwickeln und wird wohl nicht überleben. Die Gemeinschaft mit anderen brauchen wir ein Leben lang. Das ist auch in der Trauer so. Jedoch wird durch den Verlust eines Menschen das Vertrauen in die Verbindung und Gemeinschaft mit anderen tief erschüttert. Die Erfahrung, dass ich einen geliebten Menschen verlieren kann, löst gleichzeitig auch Angst vor neuen Bindungen aus.

Im Grunde fangen wir nach einem solchen Verlust wieder da an, wo wir einst mit der Entwicklung des Urvertrauens begonnen haben: in der Säuglingszeit. Ein kleines Kind ist nicht in der Lage, jemanden anzurufen, wenn es ihm schlecht geht. Es ist darauf angewiesen, dass Menschen in Hörweite sind, die seine Laute verstehen und das Notwendige tun. Wer während seiner Reise durch die Trauerwelt Menschen hat, die ihm nah sind, auch räumlich nah sind, wer es sich erlauben kann, schwach und hilflos zu sein, wird leichter den Boden unter den Füßen wiederfinden.

Es ist verständlich, wenn wir aus Angst vor einem erneuten Verlust lieber keine Bindungen mehr eingehen und den anderen keine Gefühle mehr zeigen wollen. Es ist eine Tatsache, dass wir in der ersten Zeit der Trauer oft keine Kraft haben, uns um Hilfe zu bemühen.

Mit dem Seelenbild des Waldes können wir lernen, unsere Angst und Scheu langsam zu überwinden und selbst wieder Schritte auf andere zuzugehen. Manchmal müssen wir überhaupt wieder lernen, unsere Bedürftigkeit zu zeigen, Menschen um Hilfe zu bitten, es riskieren, anderen vielleicht sogar auf die Nerven zu fallen. Im Märchen müssen die Hauptfiguren häufig durch einen großen Wald gehen und sich dort bewähren. Der Wald birgt Gefahren, aber auch Wunder. Nach der Bewährungsprobe im Wald gibt es immer eine Wendung zum Guten. Die Natur ist immer der Ort, wo wir in Krisenzeiten unser Urvertrauen erneuern können. Und zur Natur gehören auch Menschen! Sich in den Wald begeben heißt, aktiv Heilung und Verbindung zu suchen. Es erfordert oft großen Mut, wieder hinzugehen zu den anderen. Zu sagen, was ich brauche, was mich bewegt, wo ich gerade stehe. Jeder Schritt bringt uns der Wandlung zum Guten und Heilen näher. Es ist möglich, durch die Trauer hindurchzugehen und verwandelt wieder hinauszukommen!

Mensch und Baum

Beim Durchwandern des Waldes wird man irgendwann an einem besonderen Baum stehen bleiben und eine Pause machen. In meiner Fantasie ist es eine große Buche. Ich berühre den Stamm, fühle die kühle und glatte Rinde. Wenn ich mich an diesen Baum lehne, spüre ich seine Stärke. Er hält mir stand. Ich kann mich an ihn anlehnen.

Der Baum steht so fest und sicher, weil er in der Erde verwurzelt ist. Die Erde gibt dem Baum Halt und Nahrung. Im Spanischen ist das Wort für Trost »consuelo«, das heißt wörtlich übersetzt »mit Boden«. Trost bedeutet, wieder Boden unter die Füße zu bekommen und festen Halt in der Erde zu finden. Die Erde ist ein Bild für das, was uns Menschen trägt. Wie die großen Bäume des Waldes wurzeln auch wir in einer Erde: Von Freunden und Familie umgeben zu sein, Beziehungen zu Menschen zu haben, gibt uns Halt, Schutz und Nahrung. Ohne Erde fällt der Baum, fallen auch wir um.

In der Trauer gerät diese Erde ins Wanken. Der Boden wird uns unter den Füßen weggezogen. Wir fühlen uns haltlos und entwurzelt und sind doppelt isoliert: Wir haben einen wichtigen Menschen verloren und die Umwelt zieht sich von uns zurück. Die Wurzeln haben dann keinen Halt mehr.

Manchmal sind Menschen genau wie Bäume an einem bestimmten Ort verwurzelt. Durch den Tod eines »Nahestehenden« kann sich dieser Platz bedrohlich verändern. Auf jeden Fall aber wird es neben uns leer. Je näher man zusammenstand, umso größer ist die Gefahr, umzufallen. Das ist bei Bäumen und Menschen gleichermaßen der Fall.

Bäume wurzeln in der Erde, aber sie strecken ihre Zweige zum Himmel aus. So wie der Baum haben auch wir Menschen die Wuchsrichtung gen Himmel. Der Himmel steht für Unendlichkeit und Einheit. Er ist in allen Religionen ein Bild für den Sitz Gottes und das Paradies. In der Trauer ist es wichtig, dass wir uns auf unsere Wurzeln und unsere Krone besinnen.

Überlegen Sie doch einmal auf den nächsten Seiten, was und wer Ihnen in dieser Zeit Halt und Kraft gibt und geben kann, aber auch, was Ihre Herausforderungen sind, wenn es um Bedürftigkeit und das Annehmen von Hilfe geht. Wie können Sie wieder in Kontakt kommen mit Vertrauen und einem guten Miteinander? Vielleicht sind das neben anderen Menschen auch Erinnerungen an den Verstorbenen, an ein gelungenes Leben mit ihm, das Ihnen wieder Wurzeln verleihen kann. Und wenn Sie wie eine Baumkrone die Zweige in Licht und Weite strecken – welche Erfahrungen kennen Sie bereits?

Im Labyrinth
der Trauer

Komme ich da je
wieder heraus?

Wie groß ist eigentlich die Trauerwelt? In meiner Fantasie klettere ich gerade in einen Heißluftballon. Langsam steigt er immer höher. Ich will mir die Trauerwelt einmal von oben ansehen. Ich sehe den Wald und den Garten, ich sehe die Stadt der Glücklichen, den Vulkan und das finstere Tal. Jetzt steige ich noch ein bisschen höher und erkenne die dunkle Höhle, die Wüste und den vereisten Fluss. Nun entdecke ich, dass die Orte und Landschaften der Trauerwelt zusammen ein Muster bilden. In der Mitte ist ein kreisrunder, tiefer Brunnen. Von dort aus führen alle Wege und Pfade sternförmig nach außen. Sie bilden verschlungene Ornamente. Es sieht aus wie ein riesengroßes Labyrinth. Von oben sind die Wege gut zu sehen und bilden eine wunderschöne Form. Sie erinnert mich an runde Kirchenfenster und an Blumen. Die Trauerwelt ist ein Mandala-Labyrinth.

Eine innere Reise wird oft verglichen mit dem Bild eines Mandalas, eines Labyrinthes, das um ein Zentrum herum aufgebaut ist. Auf dem Boden der Kathedrale von Chartres ist solch ein Muster abgebildet. Das berühmteste Labyrinth ist das des Königs Minos von Kreta. Seine Tochter Ariadne schenkte dem Helden Theseus ein Fadenknäuel, mit dessen Hilfe er wieder hinausfinden konnte. Auch das Trauerland ist ein Labyrinth, in dem man solch einen Ariadnefaden braucht. Dieser Faden ist die Lebensenergie.

Zunächst bringt sie uns dazu, jeden einzelnen Tag zu überstehen, Stunde um Stunde auszuhalten und weiterzuleben. Es ist unsere Lebenskraft, durch die wir die Gefühle von Angst, Verzweiflung und Schmerz überhaupt spüren können. Es ist der Faden unseres eigenen Lebens, den wir mit jedem Tag, mit jedem Gefühl ein Stückchen weiterspinnen. Dieser Lebensimpuls bringt uns nach einer Weile dazu, wieder nach draußen zu schauen, neue Kontakte aufzunehmen, Hilfe zu suchen und anzunehmen. Er hilft dabei, dass wir uns in unserem Leben wieder zurechtfinden.

Wir konnten sehen, dass alle Wege der Trauerwelt von einem Zentrum ausgehen. Es gibt dort, in der Mitte des Labyrinths, einen tiefen Brunnen. Wir alle haben in uns einen Brunnen, der uns mit Lebenswasser versorgt. Wenn wir in einer Zeit großer Belastung leben, können wir aus ihm neue Kraft schöpfen. Diese inneren Ressourcen, die gerade in Krisenzeiten zum Überleben nötig sind, werden vor allem durch Träume sichtbar und spürbar.

Der tiefe Brunnen ist die Quelle der Träume. Sie sind im Labyrinth der Trauerwelt Wegweiser, die den Trauernden nach und nach wieder aus dieser Welt herausführen. Wenn wir träumen, arbeitet unsere Gesamtpersönlichkeit an der Bewältigung unserer Trauer mit. Der Traum wirkt in uns durch Bilder und Gefühle, die unser Problem in tieferen Zusammenhängen zeigen. Manche Träume führen in die Vergangenheit – gerade in der ersten Zeit nach dem Verlust erleben viele Trauernde sehr ergreifende Träume vom Verstorbenen.

Manchmal tritt diese Person so wirklich in das Traumerleben ein, dass der Träumende den Eindruck hat, nicht nur von einer inneren Gestalt geträumt zu haben, sondern dem Verstorbenen wirklich begegnet zu sein. Diese Träume sind begleitet von einem sehr starken Gefühl, das auch nach dem Erwachen bleibt und in der folgenden Zeit nachschwingt. Das Erwachen aus solchen Träumen ist oft von Freude darüber begleitet, dass es ein Leben jenseits unserer Vorstellung gibt. Kritische Fragen nach einem Leben nach dem Tod werden durch ein Gefühl der Gewissheit ersetzt. Diese Erfahrungen auf der Schwelle von Wirklichkeit und Traum, von Leben und Tod, von Zweifel und tiefem Glauben sind Geschenke. Sie sind weder einforderbar noch sollte man sie zurückweisen oder sich grüblerisch in ihnen verlieren.

Der Brunnen ist ein Bild für einen wichtigen inneren Bereich, der größer ist als unser Gefühl und unser Verstand.

Eine unfassbare Kraft

Da alles, was mit geistigen Dingen zu tun hat, unsichtbar ist, kann man sie sich nur schwer vorstellen. Man braucht Vergleiche, um sie zu begreifen: In einem winzigen Samenkörnchen steckt die Kraft für das Wachstum einer großen Pflanze. Kein wissenschaftliches Labor kann die Kraft bestimmen und isolieren, die das Korn keimen und wachsen lässt. Dennoch gibt es diese Kraft. Sie führt dazu, dass aus einem kleinen Samen ein großer Baum werden kann. Diese Energie der Entfaltung des Lebens liegt aller Religion zugrunde. In der Trauer wird diese Kraft benötigt. Sie ist in jedem Moment zu finden. Mit jedem Atemzug. Wir sind selbst diese Kraft. Mit jedem Pochen erinnert uns unser Herz daran, dass wir lebendig sind. In unserer Kultur gibt es eine Tendenz, nach außen zu schauen und das Wesentliche dort zu suchen. Als Seelennahrung kann mir auf Dauer aber nur das dienen, was in mir selbst wächst. Es hilft nicht, ein Buch nach dem anderen zu konsumieren, sondern man muss die angebotene spirituelle Hilfe ausprobieren und im Alltag praktizieren. Dabei ist es unbedeutend, wie teuer oder populär ein Hilfsmittel gerade ist. Wichtig ist nur, ob es in mir wirkt und ob mir diese Wirkung guttut.

Kein anderer Mensch kann besser wissen, was für mich gut ist, als ich selbst. Alles, was von außen kommt, ist zunächst Äußeres. Es kann verinnerlicht werden, indem ich es anwende und probiere, ob es wirkt. Wirkliche Hilfe bekommen wir durch unser Inneres, wo die frische und immer wieder neue Präsenz des Lebens wirkt. Es gibt viele Wege zu meinem inneren Brunnen. Die Lebenskraft, die wir dort schöpfen, ist der Ariadnefaden, der uns durch das Labyrinth der Trauer hindurchführt.

Eine Reise durch die Zeit

Ich werde oft gefragt, wie lange die Reise dauert. Das kann ich natürlich nicht beantworten. Genauso könnte man fragen: Wie hoch ist eigentlich oben? Jeder Mensch empfindet die Zeit anders.

Es gibt gewisse Marksteine auf dem Weg durch die Zeit. Jahrestage, das erste Weihnachtsfest oder Geburtstage, die man zum ersten Mal allein erlebt. Diese Tage sind wichtig und Trauernde stellen fest, dass sich ihr Leben und die Art der Trauer von Jahresumlauf zu Jahresumlauf verändern.

Die Trauerwelt ist also nicht nur eine Landschaft, die sich wie ein großes Mandala-Labyrinth flach im Raum erstreckt, sondern sie ist auch eine Spirale, die sich durch die Zeit windet. Bei jedem wichtigen Jahresereignis haben wir wieder eine Runde auf der Bahn zurückgelegt. Wir sind zwar auf der nächsthöheren Spiralebene, kommen aber scheinbar am gleichen Punkt wieder an. So werden uns viele Probleme, die wir vermeintlich schon längst gelöst haben, nach Jahren wieder begegnen. Es ist keine Wiederholung, denn wir haben uns im Lauf dieser Zeit weiterentwickelt, haben dazugelernt und können nun mit unserem gewachsenen Bewusstsein die Probleme von einem neuen Blickwinkel aus betrachten. Dennoch hinterlässt der Verlust in unserem Leben eine Bruchstelle. Er markiert einen entscheidenden Wendepunkt, von dem aus alles Zukünftige ausgeht.

Ich stelle mir vor, dass wir im Lauf des Lebens einen inneren Stoff weben, der unsere eigenen Muster und Farben trägt. Durch einen schweren Verlust reißen viele Fäden des Lebensstoffes durch. Bei der Reise durch das Labyrinth der Trauer wird in jeder Seelenlandschaft ein zerrissener Faden aufgegriffen und wieder in das Lebensgewebe eingefügt. Diese Stelle im Lebensteppich bleibt sichtbar und die Gefühle dieser Zeit sind auch nach vielen Jahren noch zu spüren. Es kann sein, dass eines Tages, wenn wir einen Blick zurückwerfen, gerade das dunkle Trauermuster mit dem verwebten Riss zum Zentrum unseres Lebensmandalas wird. Denn in dieser Zeit sind wir dem Brunnen in der Mitte des Lebens sehr nah gekommen und haben daraus geschöpft. Dadurch bekommt unser Leben eine Tiefe, die es vorher nicht hatte. Verletzungen, die geheilt werden, können zu inneren Kraftquellen werden. Das Sprichwort »Die Zeit heilt alle Wunden« hat einen wahren Kern, weil uns die Zeit tatsächlich weiterträgt und das schmerzvolle Ereignis in immer fernere Vergangenheit rückt.

Aber die Zeit allein kann einen Riss im Lebensgewebe nicht heilen. Heilung ist ein langsamer Prozess und deshalb erscheint es so, als wäre die Zeit der Initiator. Wer jedoch nur auf die Heilkraft der Zeit baut, webt seine Lebensfäden nicht weiter und der Riss bleibt offen. So wie sich im Körper bestimmte Zellen um die Heilung kümmern, müssen auch in der Trauer die verletzten Gefühle versorgt werden. Für die Heilung der Wunde in der Trauer ist das Erleben der Gefühle und das Weitergehen, die Offenheit entscheidend, nicht die verstrichene Zeit. Es kann passieren, dass wir noch nach vielen Jahren innerlich dem Verlust ganz nah sind und die Wunde noch so schmerzt wie in den ersten Tagen. Wenn wir uns jedoch in die Seelenlandschaften der Trauerwelt vorwagen, geschieht die Heilung in uns selbst. Für diesen Prozess darf man sich viel Zeit nehmen. Trauern ist kein »Kurztrip«, von dem wir nach zwei Wochen wieder in unseren normalen Alltag zurückkehren.

So kann man auch von der Reise durch das Trauerland sagen: Der Weg ist das Ziel. Das Ziel der Reise kann nicht eine baldige Rückkehr zum normalen Alltag sein. Wer das annimmt, wird sein Ziel nicht erreichen können, sondern in der Trauer stecken bleiben. Es ist nicht möglich, die Zeit zurückzudrehen, damit alles wieder so ist wie vorher. Trennungen, Abschiede und Verluste gehören wesentlich zum Leben. Trauern heißt, diese Tatsache zu akzeptieren und den Verlust anzunehmen. Darin liegt die Chance, etwas Wichtiges zu lernen. Das Ziel, das in der Trauer verborgen liegt, ist ein inneres Wissen.

Trauer gibt uns Gelegenheit, das innere Wissen von uns selbst zu erlangen. Sie konfrontiert uns mit der Sinnlosigkeit der oberflächlichen Aktivität. Trauer zeigt uns durch die Gefühle, denen wir ausgeliefert sind, unseren inneren Menschen, unser Selbst. Wir spüren, dass angesichts des Todes alle anderen Dinge bedeutungslos werden. Wenn eines Tages die Stunde kommt, in der wir selbst von unserem Leben Abschied nehmen, lassen wir alle materiellen Dinge hinter uns. Wir trennen uns von unserem Körper. Wir müssen uns von Freunden und Familienmitgliedern verabschieden, von Träumen und Plänen, von Glück und Schmerz. Was dann noch zählt, ist der innere Mensch. Was über den Tod hinaus bleibt und Wirkung hat, ist Liebe. Trauer zeigt, was für dieses Leben wirklich wichtig ist: die Liebe, die wir geben und empfangen. Wer in der Trauer offen geblieben ist, wird diese Offenheit in das neue Leben mit hineinnehmen.

Ich stelle mir immer vor, dass es auf den Wegen in der Trauerwelt kleine Beobachter gibt. Vielleicht sind es Engel, die beim Reisenden auf ein ganz bestimmtes Gefühl achten. Wenn es sich zeigt, öffnen sie die Tore, die aus der Trauer hinausführen. Es ist das Gefühl, das wir haben, wenn wir mit uns und unserem Leben zutiefst einverstanden sind.

Dieses Trauertagebuch ist auf diesen Wegen ein Begleiter für Sie. Was Sie hier aufschreiben, können Sie auch nach Monaten oder Jahren wieder zur Hand nehmen, nachlesen und schauen, was davon für Sie noch heute stimmt und was sich vielleicht völlig verändert hat. Es kann für Sie eine Hilfe sein, Ihre eigene Entwicklung zu sehen, zu begreifen, welchen weiten Weg Sie schon zurückgelegt haben, auch wenn Sie manchmal das Gefühl haben, auf der Stelle zu treten. Es kann für Sie auch ein Erinnerungsstück werden, das Sie für immer mit Ihrem Verstorbenen verbindet, denn die Empfindungen werden nie mehr so intensiv sein wie in der Zeit der Trauer um ihn.

Und vielleicht stellen Sie auch fest, wenn Sie das Buch nach Jahren zur Hand nehmen, dass es tatsächlich eine Art Türöffner war, das Ihnen geholfen hat, den Weg aus der Trauer herauszufinden und Sie in ein Leben entlassen hat, das zwar um den verlorenen Menschen ärmer und deshalb nie wieder wie vorher ist, mit dem Sie sich aber zutiefst einverstanden fühlen und das von einer Tiefe ist, die Sie zuvor nicht kannten.